www.entdecke.de

Entdecke die Schlangen

Kriton Kunz

Für meinen lieben Patensohn Kosmas

Titelbild: Links oben: Grüner Baumschnüffler
Rechts oben: Noch rot gefärbtes Jungtier des Grünen Hundskopfschlingers
Unten: Schöne Bambusotter
Rückseite: Forscher haben eine Anakonda gefangen
Seite 1: Wenn sie sich bedroht fühlt, erschreckt die Erzspitzschlange aus Mittelamerika Angreifer mit ihrem weit aufgerissenen schwarzen, gelb umrandeten Maul
Seite 2/3: Eine Mexikanische Papageienschlange richtet sich zur Verteidigung auf

10. Auflage 2026

ISBN: 978-3-86659-302-2

An der Kleimannbrücke 39/41
48157 Münster
Tel.: 0251-13339-0, Fax: 0251-13339-33
E-Mail: verlag@ms-verlag.de
Home: www.ms-verlag.de
Geschäftsführung: Matthias Schmidt
Layout: Isabell Büchter
Lektorat u. Bildredaktion: Kriton Kunz
Druck: Drusala, Dobrá

Titelbild:
oben links: Arco Ch'ien Lee
oben rechts: shutterstock Audrey Snider-Bell
unten: Arco Michael D. Kern

Rückseite: wildlife T.Crocetta
Vorsatzpapier: Arco Images Digital: imageBROKER

Arco Digital Images
S.6/7: Daniel Heuclin
S.7 oben: M. Dobiey
S.8 oben: M. & P. Fogden
S.9 unten: Claus Meyer
S.11 unten: John Cancalosi
S.12 oben: Pete Oxford
S.12 Mitte: M. & P. Fogden
S.15 oben: Ivan Kuzmin
S.16: M. & P. Fogden
S.16 oben: Jasper Doest
S.17 oben: H. & H.-J. Koch
S.18: John Cancalosi
S.19 oben: A. & S. Toon
S.21: Tony Phelps
S.22 oben: H. & H.-J. Koch
S.24: Patricio Robles Gil
S.25 oben l.: M. & P. Fogden
S.25 oben r.: M. & P. Fogden
S.25 unten: Mark Bowler
S.26: Christian Ziegler
S.27 unten: M. & P. Fogden
S.28 oben: M. & P. Fogden
S.28 unten: Paul Hobson
S.30 unten links: D. Heuclin
S.31 oben: M. & P. Fogden
S.31 unten Mitte: F. Liverani
S.31 unten rechts: C. Ziegler
S.34/35: Kim Taylor
S.35 unten rechts: P. Oxford
S.36 oben: Tom Vezo
S.37 oben: David Hosking
S.37 unten: Donald M. Jones
S.38/39: Pete Oxford
S.39 oben: Piotr Naskrecki
S.40 oben: M. & P. Fogden
S.40 Mitte: M. & P. Fogden
S.41 o r.: Nature Production
S.42: Martin Dohrn
S.43 oben: Daniel Heuclin
S.43 unten: Ingo Arndt
S.44 oben: M. & P. Fogden
S.45: M. & P. Fogden
S.45 unten: M. & P. Fogden
S.49 oben links: Martin Willis
S.49 unten l.: M. & P. Fogden
S.49 rechts: M. Dobiey
S.50 oben: Daniel Heuclin
S.50 unten: Stephen Dalton
S.51 oben: Stephen Dalton
S.51 Mitte: Roland Seitre
S.51 unten: Jelger Herder
S.52 oben: J. Christensen
S.53 oben: Frank Bienewald
S.53 Mitte: W. G. Allgöwer
S.54: Florian Möllers
S.55 oben: XYZ PICTURES
S.55 Mitte: Vivek Menon
S.55 unten: Jeff Rotman
S.59 oben: S. Dummermuth
S.60 oben: Lassi Rautiainen
S.61 oben: Daniel Heuclin
S.61 Kasten links: D. Heuclin

mauritius images
S.42 Mitte: Alamy
S.56 Mitte: McPHOTO/Rolf Mueller

shutterstock
S.2/3: Joe McDonald
S.9 oben: reptiles4all
S.11 oben: Rob Hainer
S.12/13: Rich Carey
S.12 unten: Paul Vinten
S.14 oben: A. Snider-Bell
S.14/15: Eric Isselee
S.20/21: Living Art
S.22 unten: Eric Isselee
S.23: M. Meshcheryakov
S.27 oben: Ryan M. Bolton
S.30 oben: fivespots
S.32 oben: Alberto Loyo
S.32/33: Alberto Loyo
S.33 oben: TIKEPHOTO
S.34 unten: reptiles4all
S.35 unten links: Suriya99
S.36 u links: Alta Oosthuizen
S.36 u r.: Silken Photography
S.40 unten: Eric Isselee
S.41 unten: eye-blink
S.46/47: Paul Tessier
S.52/53: Barna Tanko
S.62: Eric Isselee
S.63: Eric Isselee
S.64: Eric Isselee

Thinkstock Images
S.30 unten rechts: GlobalP

wikimedia
S.19 unten: Blair Hedges

WILDLIFE Bildagentur GmbH
S.48: D.Heuclin
S.58 oben: A.Noellert
S.59 unten: Michel Gunther
S.60 unten: N.Benvie
S.61 Mitte: A.Noellert
S.61 Kasten oben: W.Simlinger
S.61 Kasten unten: W.Simlinger

Sonstige:

Benny Trapp
S.4, S.5, S.8 unten, S.10, S.17, S.17 unten, S.20 unten, S.29 oben, S.39 Mitte, S.41 oben links, S.44 unten (2x), , S.57 unten, S.58 unten

John Socha
S.13 oben

Kriton Kunz
S.29 unten, S.31 unten links
S.57 oben

Inhaltsverzeichnis

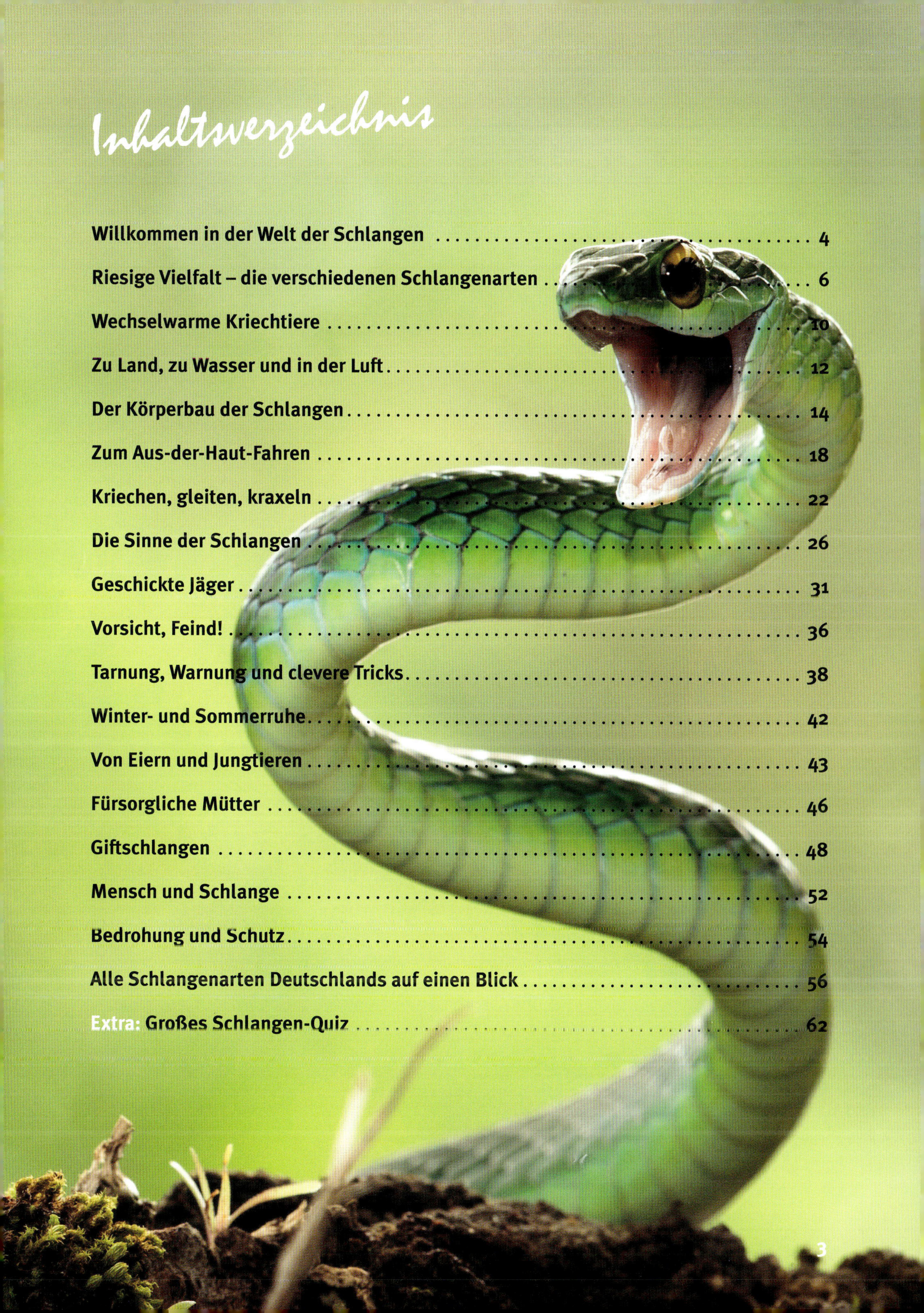

Schlangen sind wunderschön und haben viel Spannendes zu bieten! Hier siehst Du eine Vietnamesische Spitznasennatter.

Willkommen in der Welt der Schlangen!

Natürlich leben Schlangen in der gleichen Welt wie Du und ich – es ist jedoch auch eine eigene, eine geheimnisvolle Welt. Denn Schlangen sind ganz besondere Tiere. Beispielsweise besitzen sie außergewöhnliche Sinne, die uns fehlen. Wie Du erfahren wirst, können Schlangen mithilfe ihrer Zunge riechen, und manche Schlangen „sehen" sogar die Körpertemperatur ihrer Beute. Vielleicht hast Du schon einmal davon gehört, dass Schlangen „aus der Haut fahren", sich also im Ganzen häuten. Sicher weißt Du auch, dass manche Schlangen giftig sind. Merkwürdig ist, dass Schlangen keine Gliedmaßen besitzen, also keine Arme und Beine. Kannst Du Dir ein Leben ohne Arme und Beine vorstellen?

Ich freue mich sehr, dass Du dieses Buch liest, denn dadurch wirst Du viel über Schlangen erfahren und so verstehen, dass sie zwar erstaunliche und interessante Tiere sind, dass wir uns vor ihnen aber weder zu ekeln noch zu fürchten brauchen. Und wenn Du einmal bei einem Zoobesuch hörst, welchen Unsinn manche Erwachsene über Schlangen reden, dann weißt Du es besser und kannst ihnen vielleicht helfen, ihre Vorurteile abzulegen.

Ein kleines Schlangengedicht

Weil Schlangen so besondere Tiere sind, haben sie immer schon die Fantasie der Menschen beschäftigt. Bei manchen Völkern waren sie ein Symbol, also ein Sinnbild oder Zeichen, für das Böse, bei anderen dagegen für das Gute – manchmal kommt sogar beides zugleich vor. Eine solche „Doppelrolle" ist sehr selten und darum besonders faszinierend. Diese eigenartige Ausstrahlung der Schlange ist auch der Grund, dass sie nicht nur eine wichtige Rolle in vielen Religionen spielt, sondern auch in den Werken der Dichter häufig vorkommt. Mit viel Humor und zugleich sehr klug hat Joachim Ringelnatz über das Sinnbild „Schlange" nachgedacht – hier sein Gedicht:

Schlängelchen

Schlängelchen zum Teufel kam,
ganz still und bescheiden.
Und der Teufel das Schlängelchen nahm
und es streichelte.
Mochte es gut leiden.

Kam ein Schlängelchen
zu einem Engelchen,
neigte sich und wollte wieder scheiden.
Engelchen mochte das Schlängelchen
gut leiden,
sagte fromm:
„Komm!"

Schon so ein Anakonda-Baby ist absolut selbstständig und kann sich auf seine außergewöhnlichen Sinne verlassen

Riesige Vielfalt – die verschiedenen Schlangenarten

Was schätzt Du, wie viele Schlangenarten kriechen wohl über unseren Planeten? Vielleicht 50? Oder sogar 100? Tatsächlich sind noch viel mehr bekannt, nämlich über 4 100. Und jedes Jahr entdecken Wissenschaftler neue Arten! Einen kleinen Überblick über die wichtigsten Familien möchte ich Dir nun geben. Mit „Familien" sind nicht solche wie bei den Menschen gemeint, die aus Eltern und Kindern bestehen. Vielmehr fassen die Wissenschaftler alle Schlangenarten, die sich in ihrem Körperbau stark gleichen und von einem gemeinsamen Vorfahren abstammen, jeweils in „Familien" zusammen.

Da gibt es etwa die Familien der Pythons und der Boas. Einige von ihnen werden riesig. Zum Beispiel kann der asiatische Netzpython rund sieben Meter und die südamerikanische Große Anakonda über fünf Meter lang werden. Rechne einmal aus, wie viele Kinder Deiner Größe sich hintereinander legen müssten, um eine so lange „Kinderschlange" zu bilden!

Die südamerikanische Regenbogenboa heißt so, weil ihre Haut wie ein Regenbogen in allen Farben glänzt. Sie zählt zur Familie der Boas.

In einem Museum gibt es sogar eine Anakondahaut, die fast neun Meter lang sein soll – allerdings lassen sich Häute stark strecken. Deshalb ist nicht klar, ob das Tier wirklich so lang war. Auch der Nördliche Felsenpython aus Afrika kann fünfeinhalb Meter lang werden, der Südliche Felsenpython fast sechs Meter. Eine andere Boa, die Du vielleicht kennst, ist die *Boa constrictor*, die auf Deutsch Abgottschlange heißt. Sie misst meist etwa zweieinhalb Meter.

Andere Familien bringen generell nur sehr kleine Arten hervor, beispielsweise die Blindschlangen und Schlankblindschlangen. Diese Tiere, die oft dünner als ein Bleistift und auch nicht viel länger sind, würdest Du auf den ersten Blick vielleicht gar nicht für Schlangen halten. Da sie so klein und außerdem häufig rosa oder bräunlich gefärbt sind, erinnern sie eher an große Regenwürmer – und wirklich leben sie wie Regenwürmer unterirdisch, wo sie beispielsweise Ameisen und Termiten fressen. Die Augen der Blind- und Schlankblindschlangen sind winzig klein und von Schuppen bedeckt, sodass diese Schlangen fast blind sind. Daher kommt ihr Name. Aber schließlich braucht man ja auch keine Augen, wenn man sich ohnehin ständig unter der Erdoberfläche aufhält, stimmt's?

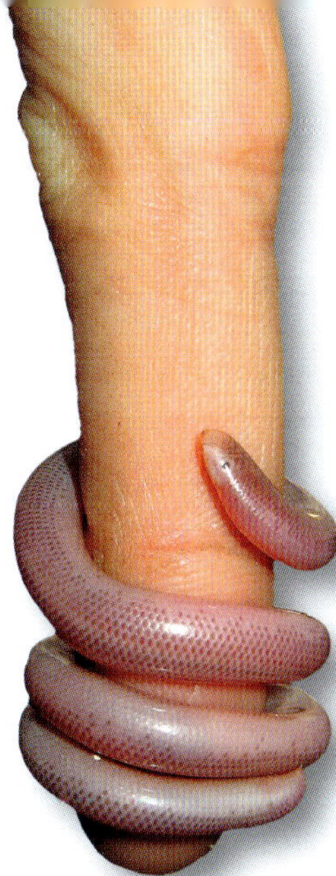

Blindschlangen und Schlankblindschlangen sehen auf den ersten Blick oft aus wie ein Regenwurm

Kleine Riesen?

Längst nicht alle Boas und Pythons werden riesig. Einige erreichen noch nicht einmal einen Meter Länge. Mit den Giganten dieser Familien wie Netzpython und Anakonda teilen sie jedoch Merkmale ihres Körperbaus und ihrer Gene, also der Erbinformation in den Zellen. Daher zählen sie zu denselben Familien, sie sind miteinander verwandt.

Die artenreichste Schlangenfamilie ist die der Nattern. Zu ihr gehören über 2 000 Arten. Auch alle in Deutschland, Österreich und der Schweiz heimischen ungiftigen Arten zählen zu dieser Familie. Nattern leben fast überall auf der Welt. Weil es eine so große Zahl verschiedener Arten gibt, haben sich viele auf besondere Lebensräume oder Beutetiere spezialisiert. Manche leben auf Bäumen, andere am Boden, im Boden oder im Wasser, einige fressen Insekten, Frösche oder Echsen, andere Mäuse oder Vögel.

Kaum eine Farbe fehlt bei dieser knallbunten jungen Nashornviper aus der Familie der Vipern

Jetzt möchtest Du sicher auch etwas über Giftschlangen erfahren. Da ist zunächst einmal die Familie der Giftnattern. Sicher hast Du schon von den Kobras oder den afrikanischen Mambas gehört. Die Korallenottern, von denen Du in diesem Buch noch mehr lesen wirst, sind ebenfalls Giftnattern.

Die berühmte Brillenschlange, eine Kobra, zählt zu den Giftnattern

Eine Unterfamilie der Giftnattern sind die Seeschlangen, echte Meeresbewohner. Sie können hervorragend schwimmen und tauchen. Manche Arten müssen nicht einmal an Land kommen, um Eier zu legen, denn sie gebären voll entwickelte Junge.

Zur Familie der Vipern gehören alle bei uns heimischen Arten von Giftschlangen. Vipern sind meist nicht so schlank gebaut wie Nattern oder Giftnattern.

Eine Unterfamilie der Vipern bilden die Grubenottern. Die bekanntesten Grubenottern sind die amerikanischen Klapperschlangen. Auch die Lanzenottern in Südamerika und Asien zählen dazu.

Worin sich die verschiedenen Familien der Giftschlangen unterscheiden, kannst Du im eigenen Kapitel über diese Tiere ab Seite 48 nachlesen.

Hier siehst Du eine Grubenotter, die Grüne Jararaca aus der Amazonas-Region Südamerikas

Echsenartige Vorfahren

Schlangen stammen von echsenartigen Vorfahren ab. Sie entwickelten sich vor mindestens rund 170 Millionen Jahren – so lange also kriechen sie schon über die Erde! Versteinerte Überreste solch uralter Arten zeigen noch winzige Beinreste, ansonsten aber die schlangentypischen Merkmale.
Die Vorfahren der Schlangen stellen die Wissenschaftler sich vor wie den heute noch lebenden Taubwaran, den Du auf dem Foto siehst – halb grabende, halb im Wasser lebende Echsen.
Übrigens: Auch einige heute lebende, aber ursprünglich gebliebene Arten tragen in ihrem Körperinneren noch Reste der Hinterbeinansätze – sozusagen ein Andenken an ihre Vorfahren.

Meistens ungiftig ...

Nur etwa 800 der rund 4 100 Schlangenarten sind richtige Giftschlangen. Aber längst nicht jede dieser Giftschlangen verfügt über ein so gefährliches Gift, dass sie einen Menschen damit töten könnte. Giftschlangen lassen sich übrigens nicht immer anhand ihres Aussehens von ungiftigen Arten unterscheiden. Manche Menschen glauben, alle Arten seien giftig, die schlitzförmige Pupillen oder einen dreieckigen Kopf oder eine Kreuzzeichnung entlang des Rückens aufweisen – das stimmt aber nicht!

Um Wärme zu tanken, sonnt sich diese schwarze Kreuzotter bereits, obwohl noch Schnee liegt

Wechselwarme Kriechtiere

Schlangen gehören zu den Reptilien. Dieser Begriff leitet sich vom lateinischen Wort „reptare" ab, was „kriechen" bedeutet. Deshalb heißen die Reptilien auf Deutsch „Kriechtiere".

Zu den Reptilien zählen traditionell auch Schildkröten, Echsen und Krokodile, außerdem die Brückenechse. Sie alle haben ähnliche Merkmale. Beispielsweise tragen sie auf ihrer Haut Schuppen aus Horn. Und sie alle sind miteinander verwandt – sowie teils außerdem mit den Vögeln, die von bestimmten Reptilien abstammen.

Im Gegensatz zu den meisten Vögeln, Säugetieren und uns Menschen weisen Reptilien jedoch keine immer gleiche Körpertemperatur auf. Unsere eigene Temperatur liegt ständig bei etwa 37 Grad Celsius. Wenn Deine Temperatur höher steigt, hast Du Fieber und musst ins Bett. Reptilien dagegen regeln ihre Körpertemperatur, indem sie sich warme oder kühle Stellen aussuchen, denn sie können nicht wie wir Menschen schwitzen, um sich abzukühlen, oder zittern, um sich zu erwärmen.

Um aktiv zu werden, brauchen sie Wärme. Sie legen sich dann zum Beispiel auf einen Stein, der von der Sonne beschienen wird. Am wohlsten fühlen sich die meisten Schlangen bei einer Temperatur zwischen 25 und 32 Grad Celsius, weil dann ihr Körper am besten „arbeitet". Beispielsweise klappt dann die Verdauung am besten. Wenn es ihnen zu heiß wird, ziehen sie sich in den Schatten, ins Wasser oder in ein Erdloch zurück. Dann sinkt die Temperatur ihres Körpers. Man nennt diese Tiere deshalb „wechselwarm".

Unser menschlicher Körper muss viel Energie dafür aufwenden, immer die gleiche Temperatur aufrechtzuerhalten. Weil Reptilien wechselwarm sind, sparen sie diese Energie. Deshalb brauchen sie nicht so viel Nahrung aufzunehmen und können lange fasten.

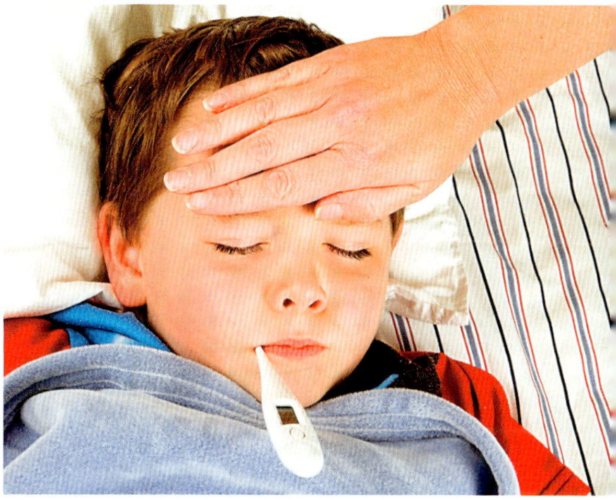

Wenn unsere Körpertemperatur nur ein wenig steigt, haben wir Fieber und müssen ins Bett

Die Klapperschlange verlässt morgens ihr kühles Versteck, um sich in der Sonne aufzuwärmen

Zu Land, zu Wasser und in der Luft

Eine Abgottschlange im tropischen, feuchtwarmen Regenwald

Der australische Rautenpython hat es sich mitten in einer steilen Felswand bequem gemacht

Die Hornviper ist an das Leben in der nordafrikanischen Wüste angepasst

Weil Schlangen stark von den Außentemperaturen abhängig sind, können sie nicht in Gebieten leben, die ständig sehr kalt sind, wie etwa am Nord- und Südpol. Ansonsten aber kannst Du sie in allen Lebensräumen finden, vom Regenwald bis zur Wüste, vom Süßwasser bis zum Meer. Es gibt Schlangen, die ständig im Boden leben und solche, die in den Wipfeln der Urwaldriesen zu Hause sind. Einige Schlangen haben sogar den Luftraum erobert, wenn sie auch nicht richtig wie ein Vogel oder eine Fledermaus fliegen können: Die Schmuckbaumnattern platten ihren Körper ab und „segeln“ dann, wie mit einem Flugdrachen, zum nächsten Baum. Allerdings gleicht das mehr einem abgebremsten Sprung als einem wirklichen Gleiten.

In fast allen Ländern kommen Schlangen vor, wenn es dafür warm genug ist. Lediglich auf einigen Inseln wie etwa Irland, Hawaii oder Neuseeland fehlen sie – sie haben es nicht geschafft, dorthin zu schwimmen.

Eine Schmuckbaumnatter hat ihren Körper abgeflacht und segelt nun mit schlängelnden Bewegungen von oben herab

Manche Seeschlangen wie dieser Nattern-Plattschwanz verstecken sich zwar tagsüber oft in trockenen Spalten an Land, die meisten aber verbringen den Großteil ihres Lebens im Meer

Der Körperbau der Schlangen

Was fällt Dir zuerst auf, wenn Du eine Schlange betrachtest? Richtig, sie hat weder Arme noch Beine! Ihr Körper ist sehr lang gestreckt. Auf den Kopf folgt zuerst der lange Rumpf, also der eigentliche Körper. Das letzte, dünne Stück ist der Schwanz. Er beginnt dort, wo an der Bauchseite die sogenannte Kloake sitzt, aus der die Schlange Kot ausscheidet und durch die das Weibchen seine Eier legt oder Junge bekommt. Weil Schlangen so lang und schmal sind, müssen es natürlich auch ihre inneren Organe wie Leber und Nieren sein.

Bei diesem noch orangefarbenen Jungtier des Grünen Hundskopfschlingers erkennst Du, wie beweglich die Kiefer sind

Der Schädel der Schlangen ist auf eine ganz besondere Weise gebaut. Nur der obere Teil, der das Gehirn schützt, ist fest und unbeweglich. Diejenigen Teile aber, mit denen die Schlange ihre Beute fängt und verschlingt, also beispielsweise die Unterkiefer, sind nicht starr, sondern über bewegliche Bänder miteinander verbunden.

Schlangen kauen nämlich ihre Nahrung nicht, sondern schlingen sie an einem Stück hinunter. Wären die Schädelteile nun wenig beweglich, so könnte die Schlange lediglich sehr kleine Beute verschlucken – wie wir Menschen auch immer nur einen kleinen Bissen auf einmal bewältigen. So aber kann sie ihre Kiefer einfach aushaken und ist deshalb dazu fähig, selbst sehr große Tiere hinabzuwürgen.

Betrachte nun einmal den Kopf einer Schlange. Was Du sofort bemerkst, ist der etwas starr wirkende Blick. Dieser Eindruck entsteht, weil die Augenbewegungen der Schlangen nicht sehr stark ausgeprägt sind und weil sie außerdem keine beweglichen Augenlider besitzen. Diese sind nämlich im Laufe der Entwicklung der Schlangen über Jahrmillionen durchsichtig geworden und miteinander verwachsen. Die Schlange blickt also durch glasklare, halbkugelförmige Augenlider, die wegen ihrer Ähnlichkeit mit Brillengläsern „Brille“ genannt werden.

Was Du außerdem feststellen wirst: Die Schlange lässt immer wieder ihre gespaltene Zunge aus dem Maul fahren, sie züngelt – mehr darüber erfährst Du auf Seite 29.

Wie alle Schlangen besitzt auch die Rhinozerosviper keine beweglichen Augenlider. Daher wirkt der Blick der Schlange starr.

Der gesamte, lang gestreckte Schlangenkörper ist von Schuppen und Schilden aus Horn bedeckt, wie bei dieser Dreiecksnatter

Die rauen Schuppen der Texas-Klapperschlange liegen wie Dachziegel übereinander

Der ganze Körper der Schlange ist von Schuppen bedeckt, die auf der Oberseite meist dachziegelartig übereinander liegen und an der Bauchseite in der Regel als schmale Platten oder Schienen ausgebildet sind, die jeweils von einer Seite des Bauchs bis zur anderen reichen. Die Schuppen bestehen aus Horn, also aus dem gleichen Material wie Deine Fingernägel und Haare oder auch die Federn der Vögel, die im Prinzip nichts anderes als „ausgefranste“ Reptilienschuppen sind. Die Schuppen schützen den Körper der Schlange vor dem Austrocknen sowie vor Verletzungen, wenn sie durch dick und dünn kriecht oder eine wehrhafte Beute gepackt hat.

Chamäleon-Schlangen

Manche Schlangenarten sind als Jungtiere völlig anders gefärbt und gezeichnet als die erwachsenen Tiere. Einige sind aber sogar dazu in der Lage, innerhalb des Jahresverlaufs oder innerhalb nur eines Tages ihre Farbe zu wechseln, darunter manche Boas, Nattern und Klapperschlangen. Die Kapuas-Wassertrugnatter von Borneo soll ihre Farbe sogar innerhalb von Minuten drastisch ändern können.

Sind die Schuppen der Nashornviper nicht wunderschön gefärbt?

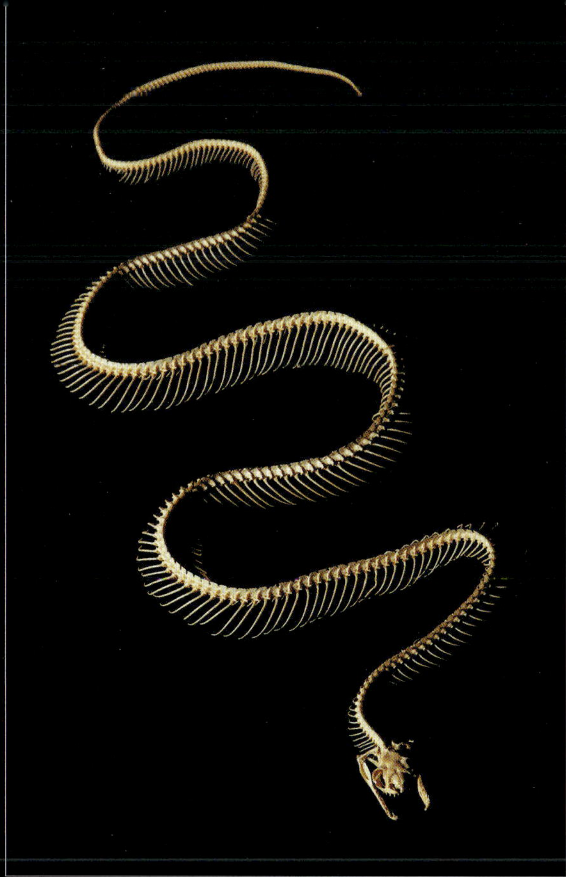

Außer dem Schädel besteht das Skelett der Schlangen praktisch nur noch aus Rückenwirbeln, an denen mit Ausnahme der Hals- und der meisten Schwanzwirbel jeweils die Rippen ansetzen. Die meisten Menschen haben 33 Wirbel. Was glaubst Du, wie viele besitzen wohl Schlangen? Zwischen 141 und 600!

Das Schuppenkleid bringt aber auch zwei Nachteile mit sich: Es nutzt sich ab und es hindert die Schlange am Wachsen. Das ist so ähnlich, wie wenn Du wachsen solltest, obwohl Du in einer engen Ritterrüstung steckst. Deshalb muss die Schlange von Zeit zu Zeit ihr Schuppenhemd wechseln: Sie häutet sich.

Die Riemennatter aus Mittelamerika, die Du links und rechts siehst, kann ihren Vorderkörper frei sehr weit vorstrecken

Gerade beginnt die Ringelnatter, sich zu häuten

Gar nicht glitschig!

Wenn es Dir zu heiß wird, schwitzt Du. Das kühlt Deinen Körper ab. Schlangen besitzen keine Schweißdrüsen, können also auch nicht schwitzen. Deshalb fühlt sich eine Schlange trocken an. Manche Leute glauben, Schlangen seien immer glitschig, weil ihre Schuppen so schön glänzen. Feucht ist eine Schlange aber wirklich nur dann, wenn sie gerade aus dem Wasser kommt – aber nach dem Duschen fühlst Du Dich ja auch nass an, stimmt's?

Eine Kreuzotter hat ihr altes Natternhemd abgestreift und zeigt nun wieder leuchtende Farben

Zum Aus-der-Haut-Fahren!

Einige Tage vor der Häutung sondert die Schlange unter der obersten Hautschicht eine spezielle Flüssigkeit ab. Das verleiht dem Schlangenkörper ein etwas milchiges Aussehen, er glänzt dann nicht so schön wie sonst. Selbst die Brille wird trübe, und die Schlange kann nicht mehr gut sehen. Deshalb verbringt sie diese Zeit meist in einem sicheren Versteck. Nach ein paar Tagen wird die Häutungsflüssigkeit vom Körper aufgenommen, und die Schlange sieht wieder „normal" aus. Bald darauf reibt sie nun ihre Schnauzenspitze über etwas Raues, beispielsweise einen Stein. Dabei löst sich die oberste Hautschicht. Jetzt kriecht die Schlange durch enge Ritzen an Steinen oder Zweigen und streift die ganze Haut auf einmal ab, selbst die Brille und die Schwanzspitze. Das sieht so ähnlich aus, wie wenn Du einen Strumpf verkehrt ausziehst, sodass die Innenseite nach außen zu liegen kommt.

Winzig

Die kleinste Schlange der Welt ist eine Schlankblindschlange, die auf einigen Inseln nördlich von Südamerika vorkommt. Sie wird höchstens zwölf Zentimeter lang. Das ist kleiner als Dein Bleistift!

Die abgestreifte Haut, die milchig durchsichtig ist, nennt man Natternhemd. Unter der alten Haut hat sich bereits vor der Häutung ein neues Schuppenkleid entwickelt. Und weil das so neu ist, glänzt eine Schlange nach der Häutung besonders schön.

Echsen ohne Beine

Die meisten Echsen, wie zum Beispiel die Zauneidechse, laufen auf vier Beinen. Es gibt aber auch solche, die nur zwei Beine oder überhaupt keine besitzen. Gar keine Beine hat beispielsweise die Blindschleiche, die Du im Foto unten siehst. Sie kommt auch bei uns vor und ist trotz ihrer Ähnlichkeit mit Schlangen eine Echse. Am einfachsten erkennst Du das daran, dass die Blindschleiche im Gegensatz zu Schlangen ihre Augen mit beweglichen Lidern verschließen kann.

Bei einer abgestreiften Schlangenhaut kannst Du jede einzelne Schuppe erkennen!

So lang!

Die Königskobra aus Indien und Südostasien kann über fünf Meter lang werden und ist damit die längste Giftschlange der Welt!

Eine junge Schlange wächst sehr schnell und hautet sich deshalb auch ziemlich oft, etwa alle vier Wochen. Je älter die Schlange wird, desto langsamer wächst sie und desto seltener häutet sie sich – schließlich nur noch alle paar Monate. Aber: Schlangen wachsen ihr ganzes Leben lang, wenn auch im hohen Alter nicht mehr viel. Du wächst als Kind ebenfalls am schnellsten. Mit 15, spätestens mit rund 20 Jahren wirst Du jedoch völlig ausgewachsen sein.

Kriechen, gleiten, kraxeln

Sicher hast Du im Fernsehen, im Zoo oder vielleicht sogar in der freien Natur schon einmal gesehen, wie schnell und geschickt eine Schlange sich fortbewegt. Wie macht sie das nur ohne Beine?

Die Schnauze mancher Arten, die im Boden leben, sieht aus wie eine kleine Schaufel: Damit können solche Schlangen wie diese Westliche Hakennasennatter aus Nordamerika gut graben.

Meist schlängeln sich Schlangen mit seitlichen, wellenartigen Bewegungen durchs Leben. Dabei drücken sie die Rippen an einer Körperstelle auf der einen Seite stärker nach vorn, auf der anderen stärker nach hinten. Wichtig ist, dass sie sich mit diesen seitlichen Körperwellen an Unebenheiten im Gelände abstoßen können, zum Beispiel an Steinen, Pflanzen, Ästen oder Ähnlichem. Fehlen solche Unebenheiten, so kommt die Schlange fast gar nicht vom Fleck. Legst Du eine Schlange etwa auf eine Glasplatte, so windet sie sich sehr stark, ohne aber richtig vorwärtszukommen.

Bei dieser Kornnatter siehst Du, dass die schienenartigen Schuppen am Bauch quer über die Unterseite reichen

Diese Schlängelmethode ist aber nicht die einzige, die Schlangen benutzen. Zum Beispiel kriechen besonders einige sehr plumpe, dicke Vipern, Boas und Pythons ziemlich geradlinig. Dazu heben sie gleichzeitig mehrere kleine Bereiche ihres Bauchs an, schieben die Bauchhaut nach vorne und setzen sie wieder auf, wodurch der Körper nachgezogen wird. Auch andere Schlangen benutzen ab und zu dieses Raupenkriechen, nämlich einmal, wenn sie an sehr steilen, rauen Felswänden oder Bäumen emporklettern, und zum anderen, wenn sie sich häuten. Dann kriechen sie auf diese Art und Weise aus ihrer alten Haut.

Eine Große Anakonda gleitet mit Raupenkriechen voran

Auf dem lockeren Sand, den man in vielen Wüsten findet, können Schlangen aber weder die eine noch die andere Fortbewegungsart anwenden, weil ein solch loses Material keinen richtigen Halt bietet, sondern einfach wegrutscht. Deshalb schnellen manche Arten, die in diesen Sandwüsten leben, ihren Vorderkörper seitlich nach vorn und ziehen dann den hinteren Teil nach. Dabei berühren sie immer nur mit zwei oder drei Punkten ihres Körpers den oft glühend heißen Boden, wodurch sie auch noch das Problem einer Überhitzung vermeiden.

Während diese Fortbewegung an eine Metallspirale erinnert, die über den Boden gleitet, kann sich die Zwerg-Riedschlange bei Gefahr wie ein Reifen einen Abhang hinunterrollen lassen.

Nur mit zwei oder drei Punkten ihres Körpers berührt die Seitenwinder-Klapperschlange den heißen, losen Sandboden

Der Sprinter

Wohl eine der schnellsten Schlangen ist die Schwarze Mamba aus Afrika, die bis zu 24 Kilometer pro Stunde erreichen kann. Zum Vergleich: Ein menschlicher Spitzensportler schafft im Sprint über 40 Kilometer pro Stunde.

Arten, die viel klettern oder sogar in Bäumen leben, haben quer über den Bauch reichende Schuppen (Schienen) mit seitlichen Kanten, die sie beispielsweise in die Unebenheiten der Baumrinde stemmen können – ähnlich wie Bergsteiger ihre Steigeisen einsetzen. Andere besitzen einen Greifschwanz, mit dem sie sich gut an Ästen festhalten können.

Bei Seeschlangen ist der Schwanz hinten meist senkrecht abgeflacht. Damit bewegen sie sich wie mit einem Ruder vorwärts. Aber in aller Regel können auch Schlangen ohne Ruderschwanz sehr gut schwimmen, indem sie sich im Wasser in seitlichen Wellenlinien schlängeln.

links: Dank ihrer Bauchschienen klettert die Berg-Königsnatter sehr geschickt
rechts: Warum die Greifschwanz-Lanzenotter so heißt, kannst Du auf diesem Foto gut erkennen

Einen Urwaldfluss schwimmend zu durchqueren, ist für die Große Anakonda kein Problem

Die Sinne der Schlangen

Manche Kulturen hielten Schlangen für besonders kluge, für weise Geschöpfe. Nun, besonders intelligent sind sie jedoch nicht gerade, sie können zum Beispiel keine Kunststückchen lernen. Das bedeutet aber nicht, dass sie für ihr Leben in der Natur ungenügend ausgerüstet wären. Hätten Schlangen nicht alle Fähigkeiten, die sie zum Überleben benötigen, so wären sie längst ausgestorben. Untersuchen wir also gemeinsam, welche Sinne der Schlange zur Verfügung stehen.

Wenn der Rotaugenlaubfrosch sich nicht rührt, hat er gute Chancen, dass die Dünnschlange ihn nicht entdeckt

Sehen

Die Fähigkeit des Sehens ist bei den einzelnen Schlangenarten sehr unterschiedlich ausgeprägt. Manche, die immer im Boden leben, sind fast blind, während besonders gewisse Baumnattern, etwa die mit dem lustigen Namen Baumschnüffler, hervorragend sehen können. Allerdings nehmen Schlangenaugen vor allem solche Dinge wahr, die sich bewegen. Ein Beutetier, das ruhig sitzen bleibt, übersehen sie.

Viele Arten, besonders solche, die in der Dämmerung oder während der Nacht aktiv sind, können wie die Katzen ihre Pupille von einem schmalen Schlitz zu einem großen Kreis erweitern. Auf diese Weise fällt mehr Licht in das Auge, und die Schlange kann selbst noch im schwachen Schein der Sterne recht gut sehen.

Die Pupille des Grünen Baumschnüfflers erinnert an ein quer liegendes Schlüsselloch

Die Augen des Baumschnüfflers sind nach vorn ausgerichtet, und ihr Blickfeld überschneidet sich. So kann diese Schlange hervorragend dreidimensional sehen.

Die Brillenschlange kann die Töne der Flöte zwar wohl hören, folgt aber vor allem deren Bewegungen

Hören

Kannst Du Dir vorstellen, dass Schlangen hören können? Schließlich besitzen sie ja keine äußere Ohröffnung, kein Trommelfell und auch keine Ohrmuscheln wie wir.

Tatsächlich nehmen sie die Schallwellen von Geräuschen durch die Luft aber sehr wohl wahr, und zwar in ihrem Innenohr – und sie reagieren auch darauf. In welcher Weise sie das tun, ist offenbar von Art zu Art verschieden. Das haben Forscher erst im Jahr 2023 herausgefunden.

Die Erschütterungen durch nahende Schritte signalisieren der Kreuzotter Gefahr

Fühlen

Außerdem erfassen Schlangen sehr tiefe, vibrierende Töne noch auf eine andere Art und Weise: Sie nehmen dieses Vibrieren vor allem mit dem Unterkiefer auf, aber wahrscheinlich auch über Sinneszellen in der Haut ihres Körpers, der ja meist auf seiner ganzen Länge Kontakt zum Untergrund hat und deshalb solche Schwingungen gut spüren kann. Das Gleiche gilt für Erschütterungen oder, wenn die Schlange im Wasser liegt, für Wellen. Bereits Deine Schritte genügen oft, um eine Schlange zu verscheuchen – lange, bevor Du sie siehst.

Riechen und Schmecken

Mit ihrer Nase können Schlangen ziemlich gut riechen. Zusätzlich verfügen sie aber noch über eine ganz besondere Methode, um Gerüche wahrzunehmen: Wenn eine Schlange aktiv ist, züngelt sie – je interessanter sie etwas findet, desto häufiger. Zum Züngeln braucht die Schlange nicht einmal ihr Maul zu öffnen, denn dafür ist vorne an der Schnauzenspitze eine Öffnung ausgespart.

Wenn die gespaltene Schlangenzunge aus dem Maul herausgestreckt wird, bleiben an ihr winzige Duftteilchen haften, sogenannte Duftmoleküle. Die Schlange zieht nun die Zunge wieder ein und bringt sie in Kontakt zu zwei Gruben im Gaumen, die man Jacobson-Organ nennt. Diese Gruben sind mit Riechzellen ausgekleidet und stehen mit dem Riechnerv in Verbindung. Das Jacobson-Organ vermag selbst geringste Duftteilchen aufzunehmen und ist für die Schlange sehr wichtig. Wenn beispielsweise eine Giftschlange ein wehrhaftes Beutetier gebissen hat, lässt sie oft gleich wieder los, damit sie nicht selbst verletzt wird. Die Beute kann dann meist noch eine tüchtige Strecke fortlaufen, ehe das Gift wirkt. Nach einer Weile folgt die Schlange der Duftspur des mittlerweile gestorbenen Tiers, indem sie ständig züngelt, und kann es schließlich gefahrlos fressen. Aber auch ihre Umgebung, Partner für die Paarung oder Feinde „erriechen" Schlangen auf diese Weise.

Bei dieser Uracoan-Klapperschlange siehst Du eindrucksvoll, dass die Schlangenzunge zwei Zipfel hat. Wozu die Gruben zwischen Maul und Auge dienen, erfährst Du auf der folgenden Seite.

Dabei ist es sehr praktisch, dass die Zunge zwei Spitzen hat, denn so kann die Schlange gleichzeitig Duftproben von zwei Stellen nehmen. Ist ein bestimmter Duft, beispielsweise von einem Beutetier, an der einen Zungenspitze stärker angekommen als an der anderen, weiß die Schlange sogar, in welcher Richtung sie suchen muss.

Der Geschmackssinn der Schlangen ist wohl nicht ganz so gut ausgeprägt.

Extrem weit kann diese Großaugen-Wassernatter ihre Zunge hervorschnellen lassen

Die Lippengruben der Gartenboa dienen dazu, Wärme wahrzunehmen

Der sechste Sinn

Manche Schlangenarten verfügen noch über einen außergewöhnlichen sechsten Sinn. Bei vielen Boas und Pythons liegen in oder zwischen den Lippenschilden entlang der Maulspalte mehrere kleine Gruben. Eine andere Schlangengruppe ist sogar danach benannt: die Grubenottern, zu denen beispielsweise die Klapperschlangen und Lanzenottern zählen. Sie besitzen zwischen Maul und Auge auf jeder Seite eine solche Grube. Die Gruben sind mit Zellen ausgekleidet, die Wärme wahrnehmen können. Selbst einen Temperaturunterschied von nur 0,003 Grad Celsius können Grubenottern empfinden. Das sind lediglich drei Tausendstel von einem Grad!

Aber wozu braucht die Schlange einen derartigen Wärmesinn? Die Antwort ist ganz einfach: Zum Aufspüren der Beute. Selbst in stockdunkler Nacht kann die Schlange die Körperwärme eines Beutetiers ausmachen. Es nützt einer Maus dann auch nichts, wenn sie regungslos sitzen bleibt – ihre Wärme verrät sie. Dieses Prinzip wendet übrigens auch die Polizei an. Mit speziellen Geräten, die auf Wärme reagieren, kann man zum Beispiel einen flüchtenden Verbrecher orten; selbst, wenn er sich mitten in der Nacht im Wald versteckt hat.

So alt!

Den Altersrekord hält ein afrikanischer Königspython, der im Zoo von Philadelphia in den USA lebte und an die 50 Jahre alt wurde!

Eine Maus verrät sich durch ihre Körperwärme – die Tempelotter kann sie mittels ihrer Grubenorgane orten

Ob die Greifschwanz-Lanzenotter den Kolibri erwischt?

Geschickte Jäger

Praktisch alle Schlangen sind reine Fleischfresser. Während manche Arten warten, bis ihnen mehr oder weniger zufällig ein Beutetier über den Weg läuft, suchen andere aktiv danach.

Wehrlose Beute wie Würmer, Fische oder neugeborene Nagetiere (beispielsweise Mäuse) wird meist lebend verschlungen. Vor allem viele ungiftige Schlangenarten packen jedoch große Beutetiere, die ihnen gefährlich werden könnten, blitzschnell mit dem Maul und umwinden sie mit mehreren Schlingen ihres Körpers oder pressen sie fest gegen den Boden. Jedes Mal, wenn das Beutetier ausatmet, zieht die Schlange ihre tödliche Umklammerung ein wenig enger, sodass ihr Opfer erstickt.

Viele kleine Schlangen wie die Schaufelnasennatter erbeuten Insekten, Spinnentiere und andere Wirbellose

Kopf voran verschlingt die Barren-Ringelnatter einen Frosch

Eine Dünnschlange lässt sich Froschlaich schmecken

Gewaltiger Appetit!

Weil Schlangen wechselwarm sind und bei einer einzigen Mahlzeit oft gewaltige Nahrungsmengen zu sich nehmen, brauchen viele nur alle paar Wochen zu fressen. Zwei afrikanische Königspythons, die in einen Zoo gebracht worden waren, fraßen sogar erst nach fast zwei Jahren zum ersten Mal! Hier hat ein afrikanischer Felsenpython eine Antilope verschlungen.

Ist die Beute bewegungsunfähig, so beginnt die Schlange sie zu fressen. Mit ihren vielen spitzen, nach hinten gekrümmten Zähnen packt sie das Tier und schlingt es nach und nach im Ganzen hinunter. Dabei schluckt sie es meist mit dem Kopf voran, damit ihr die Beine oder Flossen der Beute nicht im Hals stecken bleiben und Schuppen, Fell oder Federn nicht gegen den Strich liegen (also die Richtung, in der die Haare oder Federn wachsen).

Eine besondere Methode des Beutefangs haben die Giftschlangen entwickelt. Mehr darüber erfährst Du ab Seite 48.

Auf diesem Bild siehst Du, wie weit der Felsenpython aus dem Foto oben links sein Maul öffnen musste, um die Beute zu bewältigen.

Was aber fressen Schlangen eigentlich? Manche Arten erbeuten Würmer, Schnecken, Insekten wie Ameisen, Termiten und Heuschrecken, Krebse oder Spinnen, einige sogar solch wehrhafte Tiere wie Skorpione oder Hundertfüßer. Andere fangen Vögel, Frösche, Fische, Echsen und auch Schlangen – sogar solche der eigenen Art. Wieder andere ernähren sich von Säugetieren, vor allem von Nagern wie Mäusen und Ratten. Deshalb sind solche Schlangen enorm nützlich, denn in vielen Ländern vernichten Nagetiere einen großen Teil der Ernte.

Während die meisten Arten nicht besonders wählerisch sind, fressen andere nur ganz bestimmte Beutetiere. So jagt beispielsweise die Königskobra ausschließlich Schlangen, und die Schneckennatter frisst nur – na, was wohl? Richtig, natürlich Schnecken!

In vielen Fällen unterscheidet sich die Nahrung der jungen von derjenigen der alten Schlangen. So fressen etwa viele Kletternattern als Jungtiere vor allem Echsen oder Frösche, als Erwachsene dagegen hauptsächlich Nagetiere.

Die Schmuckbaumnatter hat einen Tokeh-Gecko erbeutet

Eine Afrikanische Eierschlange verschlingt ein Ei, öffnet es im Schlund, schluckt den Inhalt und würgt die Schale wieder aus

Eier werden ebenfalls von manchen Arten gerne verzehrt, und zwar nicht nur solche von Vögeln, sondern auch von Fröschen, Fischen und Reptilien. Einige Arten haben sich besonders auf Vogeleier spezialisiert, die Eierschlangen. Ihre wenigen Zähne, die im Oberkiefer sitzen, sind winzig klein und praktisch ohne Funktion. Dafür ragen spitze Fortsätze der Rückenwirbel wie Zähne in die Speiseröhre. Weil Schlangen, wie Du ja nun weißt, ihre Kiefer aushaken können, und weil außerdem ihre Haut sehr dehnbar ist, kann eine Eierschlange selbst ein Hühnerei verschlingen, obwohl ihr Kopf nur so dick wie ein Finger ist. Stell Dir vor, Du könntest eine große Wassermelone im Ganzen verschlucken! Die Eierschlange drückt das Ei fest gegen einen Widerstand und beginnt, es nach und nach komplett hinabzuwürgen. Im Hals wird das Ei durch bestimmte Muskeln gegen die zahnartigen Wirbelfortsätze gepresst und dadurch aufgeschlitzt. Die Eiflüssigkeit fließt in den Magen, die Eierschale dagegen wird von der Schlange wieder ausgewürgt.

Ein toller Trick!

Einige Vipern rollen sich so ein, dass ihre auffällig gefärbte Schwanzspitze vor dem Maul zu liegen kommt. Bemerkt die Schlange ein Beutetier, so bewegt sie ihr Schwanzende raupenartig. Der Vogel oder die Eidechse, auf die es die Schlange abgesehen hat, kommt näher, um das vermeintliche Insekt zu fressen – und fällt stattdessen selbst der Schlange zum Opfer. Meister dieser Strategie ist die Spinnenschwanzviper: Die dünnen Fortsätze an ihrer Schwanzspitze ähneln Spinnenbeinen und die Schlange kann ihren Schwanz verblüffend spinnenähnlich bewegen.

Die Kukrinattern dagegen haben es auf Reptilieneier abgesehen. Mit ihren dolchartig gekrümmten Zähnen im hinteren Bereich schlitzen sie die bei Reptilieneiern ledrig weiche Schale auf und trinken den Inhalt dann aus.

Und noch ein toller Trick

Ähnlich wie die Spinnenschwanzviper gehen die Jungtiere einer bestimmten Art der nordamerikanischen Strumpfbandnattern vor, nur dass sie nicht ihre Schwanzspitze einsetzen. Sie berühren stattdessen mit ihrer Zungenspitze die Oberfläche des Baches, an dem sie jagen. Von unten sieht das aus, als sei ein Insekt aufs Wasser gefallen. Junge Fische kommen herangeschwommen, um die scheinbar leichte Beute zu packen – und werden ihrerseits von der Schlange gefangen. Erinnert Dich das nicht an einen Angler, der seinen Köder auswirft?

Die Königskobra ernährt sich fast ausschließlich von anderen Schlangen

Wie diese Greifschwanz-Lanzenotter fressen viele Schlangen besonders gerne Nagetiere

Kein Glück hatte diese Gebänderte Sandschlange: eine West-Kreischeule hat sie erbeutet

Vorsicht, Feind!

Schlangen sind sehr erfolgreiche Jäger. Aber auch sie selbst werden von vielen Tieren gefressen. Sogar Tiere, denen man das gar nicht zutrauen würde, jagen ab und zu Schlangen. Zum Beispiel können große Laufkäfer, Spinnen, Hundertfüßer und sogar Frösche durchaus eine junge Schlange überwältigen. Selbst ziemlich kleine Vögel, wie etwa die Amsel, ja sogar der Haussperling, lassen sich gerne mal eine frisch geschlüpfte Ringelnatter schmecken – vielleicht halten sie die kleine Schlange einfach für einen Regenwurm oder eine Raupe.

Unter den Vögeln findet man außerdem Arten, die sich auf Schlangen und andere Reptilien als Nahrung spezialisiert haben, also hauptsächlich diese Tiere fressen. Dazu zählen der afrikanische Sekretär, der amerikanische Rennkuckuck und der europäische Schlangenadler, die sogar mit Giftschlangen fertigwerden.

links: Ein Felsenpython ist einem Leoparden zum Opfer gefallen
rechts: Hauskatzen töten leider viele Schlangen

Die Marabus hätten diese Kobra zum Fressen gern. Ob die Schlange noch entkommen kann?

Auch unter den Säugetieren gibt es einige Arten, die Schlangen besonders geschickt fangen können, etwa Mangusten, kleine Raubtiere, die wie Marder aussehen.

Sogar unter ihrer nächsten Reptilienverwandtschaft haben die Schlangen viele Feinde zu fürchten, zum Beispiel Warane. Diese oft sehr großen Echsen kommen in Afrika, Asien und Australien vor. Krokodile fressen ebenfalls gerne Schlangen. Und einige der größten Schlangenräuber sind – Schlangen. Neben der Königskobra, von der Du zuvor schon gelesen hast, gibt es eine ganze Reihe von Arten, die sich zum großen Teil von anderen Schlangen ernähren. Schließlich passt eine kleine Schlange perfekt in eine größere hinein, und beim Schlucken stören keine Beine.

Manche derjenigen Tiere, die Giftschlangen jagen, sind teilweise immun gegen das Gift ihrer Beute. „Immun" bedeutet, dass es ihnen wenig oder sogar gar nicht schadet, wenn eine Giftschlange sie beißt.

Kurzen Prozess hat der Silberdachs mit einer Bullennatter gemacht

Tarnung, Warnung und clevere Tricks

Schlangen fressen also Tiere, fallen jedoch ihrerseits anderen Tieren zum Opfer. Wenn sie jagen, wollen sie von ihrer Beute nicht zu früh bemerkt werden, und von ihren eigenen Feinden sollen die Schlangen natürlich möglichst auch nicht entdeckt werden.

Deshalb haben viele Schlangen im Lauf ihrer langen Entwicklung, der Evolution, eine perfekte Tarnung entwickelt. Arten, die sich vor allem am Boden aufhalten, sind meist in verschiedenen Brauntönen gefärbt. Manche, wie zum Beispiel die Gabunviper, bewohnen den Boden von Wäldern, auf dem viele welke Blätter liegen. Darum trägt ihr Schuppenkleid ein Muster, das genauso aussieht wie solche abgefallenen Blätter.

Schlangen, die auf Bäumen und Sträuchern leben, sind oft grün gefärbt, sodass man sie zwischen all dem Laub kaum ausmachen kann. Andere sehen aus wie dünne, braune Zweige oder wie ein Ast, auf dem Moos wächst. Die Zoologen nennen diese Art der Tarnung Mimese.

Viele Giftschlangen haben eine andere Möglichkeit gefunden, um sich vor Feinden zu schützen: Sie warnen vor ihrem Gift. Klapperschlangen leben oft im hohem Gras der nordamerikanischen Prärien. Damit sie dort nicht von Bisons zertrampelt werden, rasseln sie laut mit ihrem Schwanzende, an dem besondere Schuppen eine Art Klapper bilden. Die Bisons wissen genau, dass dieses Rasseln bedeutet: „Pass auf, ich bin giftig!“, und hüten sich, auf so eine Schlange zu treten. Andere Giftschlangen blasen sich auf, zischen laut

Im Falllaub ist die Waldklapperschlange hervorragend getarnt

oder reiben ihre Schuppen raschelnd aneinander. Die Kobras richten ihren Vorderkörper auf und verbreitern ihre Halsregion zu einem ovalen Schild – dadurch sehen sie größer und gefährlicher aus.

Die giftigen Korallenottern in Südamerika sind sehr bunt gefärbt. Schwarze, weiße, rote und gelbe Ringe wechseln einander ab. Diese leuchtende Färbung signalisiert ebenfalls: „Vorsicht, Gift!“ Du kennst das zum Beispiel von den Wespen. Oder würdest Du so eine schwarzgelbe Fliegerin etwa anfassen? So wie Du aufpasst, dass Dich keine Wespe sticht, so fürchten auch Tiere derart bunte Farben, die in der Natur immer vor Gift warnen. Fast immer, denn einige Schlangen machen sich die Vorsicht der anderen Tiere gegenüber den farbenfrohen Korallenottern zunutze: Die völlig harmlosen Königsnattern beispielsweise sind genauso bunt gefärbt wie die giftigen Korallenottern, die im selben Gebiet wie sie leben. Aber weil ein Fressfeind immer damit rechnet, dass ein so farbiges Tier eine Giftschlange sein könnte, lässt es auch die ungiftigen Königsnattern in Ruhe. Den gleichen Trick benutzen übrigens unsere heimischen, ungefährlichen Schwebfliegen, die Wespen sehr ähnlich sehen.

Baumbewohner wie die Grüne Buschviper sind oft grün gefärbt, um zwischen den Blättern nicht aufzufallen

Die Ringelnatter und manche andere Arten stellen sich in höchster Gefahr tot. Raubtiere haben oft nur an lebender Beute Interesse und lassen die scheintote Natter deshalb ungeschoren.

Nur die Ruhe!

Während viele Schlangen bereits fliehen, wenn sie einen Feind in einiger Entfernung bemerken, bleiben gut getarnte Schlangen meistens einfach still liegen. Sie vertrauen darauf, dass sie übersehen werden.

Zwei Fotos derselben Schlange? Nein! Im kleinen Bild siehst Du eine hochgiftige Korallenotter, im großen Foto eine vollkommen harmlose Dreiecksnatter

Eine drohende Uräusschlange macht gewaltig Eindruck!

Einige andere ungiftige Schlangen Nordamerikas rascheln bei Gefahr mit ihrem Schwanz im trockenen Laub, sodass es sich anhört, als warne da eine Klapperschlange, oder sie lassen ein rasselndes Zischen hören. Wenn sich die afrikanische Eierschlange bedroht fühlt, reibt sie ihre Schuppen mit einem zischenden Geräusch aneinander und tut so, als wolle sie zubeißen – dabei ist sie ungiftig und besitzt nur wenige, winzige Zähnchen, wie Du schon weißt. Aber mit ihrem Verhalten ahmt sie das Drohen der sehr giftigen Sandrasselotter nach, die auch ähnlich gemustert ist. Wenn ein harmloses Tier sich gegen Feinde schützt, indem es so aussieht oder so tut wie eine gefährliche Art, so nennt man das „Mimikry."

Viele Schlangen haben aber noch weitere Tricks parat, um sich zu schützen. So beschmiert etwa die heimische Ringelnatter einen Feind,

Die Halsringnatter zeigt bei Bedrohung ihre leuchtend rot gefärbte Schwanzunterseite, um Feinde abzuschrecken

Die Mimikry-Methode nutzen sogar manche Schmetterlingsraupen: Sie sehen Schlangen extrem ähnlich – und das schützt sie beispielsweise vor hungrigen Vögeln.

der sie gepackt hat, mit Kot oder einem übel riechenden Sekret aus den sogenannten Analdrüsen, die sich an der Kloake befinden. Welcher Räuber will schon ein Tier fressen, das so fürchterlich stinkt?

Wieder andere Arten, zum Beispiel die amerikanische Gummiboa (ihre Haut fühlt sich wie Gummi an), heben dem Feind einfach ihren Schwanz entgegen, der genauso aussieht wie ihr Kopf. Und während das Raubtier vorsichtig versucht, den vermeintlichen Kopf zu packen, kann die Schlange mit ihrem richtigen Kopf nach einem Fluchtweg suchen – und ehe sich's der Räuber versieht, ist die Boa plötzlich unter dem nächsten Stein oder im Boden verschwunden.

Einige wenige Arten können – wie die Eidechsen – ein Stück ihres Schwanzes abwerfen. Während sich ihr Fressfeind mit dem zuckenden Schwanzende beschäftigt, sucht der „Rest" der Schlange das Weite. Und wenn das alles nicht hilft: Auch viele ungiftige Schlangen beißen in Notwehr ganz schön schmerzhaft zu!

Doppelt giftig!

Die bunten Farben dieser jungen Tigernatter warnen: „Ich bin giftig!" Sie besitzt weit hinten im Maul stehende Giftzähne, über die sie ihr Gift einem Angreifer injizieren kann. Allerdings tut sie das so gut wie nie. Wenn sie angegriffen wird, streckt sie ihrem Feind vielmehr den Nacken entgegen. Aus Drüsen am Nacken sickert dann ein Gift, das die Schleimhäute reizt, also beispielsweise in den Augen oder im Maul des Angreifers brennt. Die Tigernatter produziert es allerdings nicht selbst, sondern sie speichert das Gift der Kröten, die sie frisst. Sogar Schlüpflinge besitzen dieses Gift im Nacken schon, obwohl sie ja noch keine Kröten fressen konnten – sie bekommen es während ihrer Entwicklung im Mutterleib weitergegeben.

Unzählige kanadische Strumpfbandnattern verlassen gleichzeitig ihr Winterquartier

Winter- und Sommerruhe

„Ist schon Frühling?", scheinen sich diese aus der Überwinterung auftauchenden Strumpfbandnattern zu fragen

Wie Du inzwischen weißt, sind Schlangen wechselwarme Tiere. Damit sie sich schnell bewegen oder gut verdauen können, brauchen sie Wärme. Deshalb gibt es in den Tropen, wo es immer warm ist, besonders viele Schlangenarten.

Aber wie ist das bei uns? In weiten Teilen Europas, Nordamerikas und Asiens wird es im Winter bitterkalt. In solchen Gebieten überwintern die Schlangen deshalb: Sie hören im Herbst auf zu fressen und suchen sich ein Plätzchen, das sie vor Frost schützt. Beispielsweise kriechen die Schlangen in Höhlungen tief im Boden oder in Felsen, zwischen den Wurzeln von Bäumen und an ähnlichen Stellen. An Orten, die besonders gut geeignet sind, überwintern oft sehr viele Schlangen verschiedener Arten und auch andere Tiere wie Kröten oder Echsen.

Wenn es nun Winter wird, lebt die Schlange sozusagen auf Sparflamme: Sie atmet dann langsamer, und ihr Herz schlägt nicht mehr so oft. Dadurch spart die Schlange Energie. Während des ganzen Winters frisst sie nicht, sondern lebt nur von den Fettreserven, die sie sich in der warmen Jahreszeit angefressen hat.

Das umgekehrte Problem haben Schlangen, die in sehr warmen Gebieten wie etwa Wüsten leben. Sie ziehen sich in der furchtbar heißen, trockenen Jahreszeit an feuchte, kühle Stellen zurück, also ebenfalls zum Beispiel in Höhlungen im Boden.

Die meisten Schlangenarten legen Eier

Von Eiern und Jungtieren

Zu bestimmten Jahreszeiten, bei uns in Mitteleuropa einige Zeit nach der Überwinterung, also im Frühjahr, suchen sich Schlangen einen Partner. Meist sind es die Männchen, die weit umherkriechen, bis sie ein Weibchen gefunden haben. Sie erkennen das Weibchen an seinem Aussehen und Verhalten, vor allem aber an seinem Geruch.

Haben sie das passende Weibchen gefunden, so halten die Schlangen „Hochzeit", sie paaren sich. Mehrere Wochen nach der Paarung legt das Weibchen entweder Eier, oder es bringt nach etwa zwei Monaten gleich fertige Jungtiere zur Welt, je nach Schlangenart.

Zur Eiablage sucht sich das Muttertier eine Stelle aus, an der es warm und feucht ist, also einen Haufen verrottender Blätter, totes Holz, Mauerspalten oder sogar Kompost- und Misthaufen. Schlangeneier sind nicht so hart, wie Du es vom Hühnerei kennst, sondern ihre Schale fühlt sich an wie dünnes Leder. Nach der Eiablage kriecht die Schlange wieder ihres Weges und kümmert sich nicht weiter um die Eier. Allein die feuchte Wärme der Umgebung genügt, um das Gelege auszubrüten.

Ein junger Teppichpython hat mit dem Eizahn die Schale aufgeschlitzt und streckt zum ersten Mal den Kopf aus dem Ei

Viele Arten legen keine Eier, sondern gebären ihre Jungen, wie beispielsweise ein großer Teil der Vipern

Nach einigen Wochen ritzen die jungen Schlangen die Schale mit dem sogenannten Eizahn vorne an ihrer Schnauze auf, der bald darauf abfällt. Meist bleiben sie aber noch einige Stunden im Ei, bevor sie schließlich endgültig ausschlüpfen. Von Anfang an sind die Jungtiere völlig selbstständig und können alles, was sie zum Überleben brauchen. Von den in Deutschland, Österreich und der Schweiz heimischen Schlangen legen Ringelnatter, die Barren-Ringelnatter, die Würfelnatter, die Äskulapnatter, die Gelbgrüne Zornnatter und die Vipernatter Eier.

Männchen oder Weibchen?

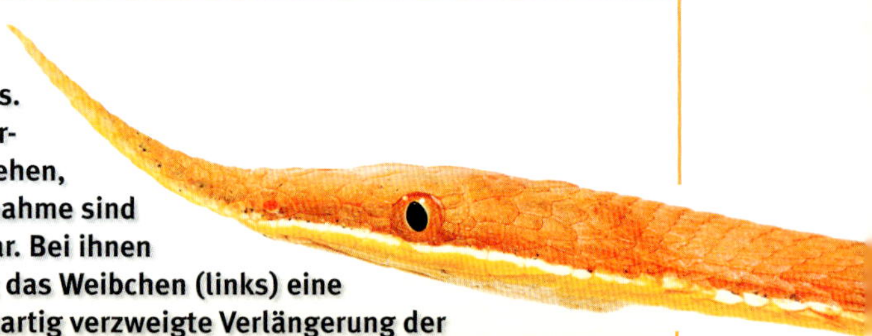

Normalerweise sehen Männchen und Weibchen fast gleich aus. Oft werden die Weibchen größer, manchmal gibt es auch unterschiedliche Färbungen, aber generell ist es nicht einfach zu sehen, ob eine Schlange männlich oder weiblich ist. Eine große Ausnahme sind die drei Arten der Blattnasennattern von der Insel Madagaskar. Bei ihnen trägt das Weibchen (links) eine blattartig verzweigte Verlängerung der Schnauze, beim Männchen (rechts) ist diese spitz – außerdem ist das Männchen anders gefärbt. Warum die Schnauze jeweils so unterschiedlich aussieht, wissen wir noch nicht.

Die Schlingnatter dagegen und die in diesen Ländern vorkommenden Giftschlangen – Kreuzotter, Aspisviper und Sandotter – bringen lebende Junge zur Welt, wie auch viele Arten fremder Länder, beispielsweise die Boas. Solange sie trächtig sind, suchen sie je nach Bedarf warme oder kühle Stellen auf, damit sich die Jungtiere in ihrem Bauch gut entwickeln.

Bei der Geburt sind die jungen Schlangen zwar nicht von einer richtigen Eierschale umgeben, aber von einem dünnen, durchsichtigen Eihäutchen. Die Jungtiere durchstoßen das Eihäutchen gleich nach der Geburt und sind dann schon voll entwickelt. Deshalb braucht sich ihre Mutter nicht um sie zu kümmern.

Manche Pythons wie der Netzpython können über 100 Eier legen. Bei Arten anderer Familien dagegen umfasst ein Gelege nur ein bis drei Eier, etwa bei den südamerikanischen Schwarzkopfschlangen.

Manche Arten wechseln ihre Farbe, wenn sie älter werden. Oben siehst Du ein Jungtier der Mussurana, unten ein mehrere Jahre altes Exemplar.

So viele!

Eine afrikanische Puffotter gebar in einem Zoo 156 Junge – so viele Junge bekommt sonst keine andere Schlangenart.

Tigerpythons zählen zu den wenigen Arten, die ihre Eier bebrüten können

Fürsorgliche Mütter

Wie Du gerade gelesen hast, kümmern sich die meisten Schlangen weder um ihre Eier noch um ihren Nachwuchs. Es gibt aber Ausnahmen. Die Königskobra beispielsweise baut ein richtiges Nest aus Pflanzenteilen und bewacht die Eier bis zum Schlupf. Eine unterirdisch lebende Schlankblindschlange gräbt eine kleine Kammer und ringelt sich um die Eier, die sie darin ablegt. Manche Pythonarten bebrüten ihr Gelege sogar regelrecht. Du wirst jetzt sagen: „Hey, Moment mal! Ich denke, die Körpertemperatur der Schlangen ist von der Temperatur der Umgebung abhängig. Wie kann dann ein Python seine Eier wärmen?“ Diese Pythonarten, etwa die Tigerpythons, sind tatsächlich die einzigen Schlangen, die selber Körperwärme erzeugen können. Zum Brüten legt sich das Muttertier eng um die Eier und zuckt regelmäßig mit den Muskeln des Körpers. Dadurch entsteht Wärme. Du kannst Dir das so ähnlich vorstellen, wie wenn Du die Hände aneinander reibst. Auch dabei entsteht Wärme.

Vor allem in tropischen Regionen müssen die Menschen auf dem Land damit leben, dass sie jederzeit einer Giftschlange begegnen können

Nie zum Zahnarzt

Schlangen müssten selbst dann nie zum Zahnarzt kriechen, wenn es einen Schlangen-Zahnarzt überhaupt gäbe: Die Zähne der Schlangen wachsen ständig nach! Auch hinter den Giftzähnen stehen schon Ersatzzähne, die sofort nachrücken, wenn ein Giftzahn ausfällt oder abbricht.

Giftschlangen

Was ist eine Giftschlange? „Blöde Frage“, wirst Du denken, „eine Giftschlange ist natürlich eine Schlange, die giftig ist.“ Ganz so einfach ist die Sache jedoch nicht. Denn auch Schlangen, die man als „ungiftig“ bezeichnet, besitzen oft giftigen Speichel (Spucke). Aber: Erstens sind solche Gifte für uns Menschen meistens ziemlich harmlos, und zweitens besitzen diese Schlangen nur völlig glatte Zähne. Damit aber können sie den giftigen Speichel nicht in die Bisswunde leiten. Deshalb schadet uns der Biss solcher Schlangen, zum Beispiel der Boas, Pythons und der meisten Nattern, praktisch gar nicht.

Die richtigen Giftschlangen dagegen produzieren meist viel stärkere Gifte und besitzen außerdem zwei verlängerte Zähne ganz vorne im Oberkiefer. Diese Giftzähne sind bei den Giftnattern und Seeschlangen gefurcht, haben also eine Rinne, durch die das Gift aus den Giftdrüsen – mehr dazu unten – in die Bisswunde fließt. Zu den Giftnattern zählen zum Beispiel die Kobras, Korallenottern und Mambas.

Die Schwarze Mamba ist eine der größten, bekanntesten und gefährlichsten Giftschlangen

Feste Schuhe schützen sogar vor so extrem giftigen Arten wie dieser australischen Tigerotter

Bei dieser Stülpnasenotter erkennst Du, dass sie ihre Giftzähne, die von einer Haut umhüllt sind, einzeln aufrichten kann

Die Giftigsten

Die giftigste Schlange überhaupt ist wohl Belchers Seeschlange, die vor der Küste Australiens lebt. Die giftigste Landschlange ist die australische Kleinschuppenschlange, die man auch Inland-Taipan nennt. Sie ist aber nicht häufig, und daher kommt es zum Glück nur selten zu Bissunfällen. Viel mehr tödliche Bisse verursachen leider beispielsweise die Lanzenottern in Mittel- und Südamerika oder die Kettenviper und die Sandrasselottern in Asien und Afrika. Da Sandrasselottern wie das Tier auf diesem Foto wahrscheinlich für die meisten Todesfälle nach Schlangenbissen verantwortlich sind, kann man sie wohl als die gefährlichsten Giftschlangen bezeichnen.
Die längsten Giftzähne besitzt die afrikanische Gabunviper – sie werden bis zu fünf Zentimeter lang. Weltweit werden jedes Jahr schätzungsweise 4,5 bis 5,5 Millionen Menschen von Giftschlangen gebissen, etwa 80 000 bis 140 000 davon sterben.

Die Giftzähne der Vipern und Grubenottern dagegen werden nur zum Beißen aufgerichtet und sind innen hohl. Normalerweise liegen sie eingeklappt im Maul, wie die Klinge eines Taschenmessers. Beim Biss fließt das Gift durch eine kleine Öffnung nahe der Zahnspitze. Diese Giftzähne wirken also wie die Injektionsspritze, mit der Du beim Arzt geimpft wirst. Zu den Vipern gehören alle Giftschlangen, die in Deutschland, Österreich und der Schweiz vorkommen, also Kreuzotter, Aspisviper und Sandotter. Zu den Grubenottern zählen unter anderem die Klapperschlangen und Lanzenottern.

Es gibt auch Arten, die gefurchte Zähne weiter hinten im Oberkiefer tragen. Meist sind die Gifte dieser Schlangen nicht sehr stark. Es gibt aber auch Ausnahmen, wie etwa die Boomslang (sprich: „Buhmsläng“, also „Baumschlange“) in Südafrika.

Eine Texas-Klapperschlange lässt den Kopf mit den nach vorn gerichteten Giftzähnen vorwärtsschnellen, um zuzubeißen

oben: Einige Vipern wie hier die Puffotter besitzen sehr lange Giftzähne
links: Einer der giftigsten Schlangen überhaupt, dem australischen Taipan, wird Gift abgenommen, um daraus Medizin herzustellen

Im Prinzip ist Schlangengift eine besondere Art von Speichel. Wie schon erwähnt, wird es in zwei Drüsen hergestellt, die seitlich im Hinterkopf der Giftschlange liegen – deshalb besitzen viele Giftschlangen einen dreieckigen Kopf. Diese Drüsen stehen mit den Giftzähnen in Verbindung. Beim Biss wird ein Teil des Giftes durch die Zahnfurchen beziehungsweise die hohlen Zähne gedrückt. Nur ein geringer Teil aller Schlangenarten besitzt solche Giftdrüsen und Giftzähne.

Die Schlange benutzt ihr Gift, um die Beute zu töten und um sich gegen Feinde zu verteidigen. Außerdem beschleunigt es die Verdauung.

„Ich spuck dir in die Augen!“

Manche Schlangen können ihr Gift zur Verteidigung gezielt „spucken“. Verschiedene Arten von Speikobras stoßen zu diesem Zweck heftig Luft aus ihren Lungen und halten das Maul dabei offen. Das Gift, das gleichzeitig an ihren Zähnen austritt, wird dadurch in zwei Strahlen gegen das Gesicht des Angreifers geschleudert. Die Mosambik-Speikobra aus Afrika kann bis zu vier Meter weit gezielt speien! Gerät das Gift in die Augen, so schmerzt das sehr und kann sogar blind machen. Auf der Haut dagegen schadet es nicht, es sei denn, es gelangt in eine offene Wunde.

Mensch und Schlange

Diese ecuadorianische Wissenschaftlerin erforscht Schlangen. Hier hält sie eine Krötenkopf-Lanzenotter auf dem Schlangenhaken.

Es gab und gibt Völker, die Schlangen verehren und sogar anbeten. Schlangengottheiten findet man beispielsweise bei den alten Ägyptern, nord-, mittel- und südamerikanischen Ureinwohnern, den Indern und den australischen Aborigines (sprich: „Äboritschinihs").

In Europa dagegen gilt die Schlange meist als Sinnbild (also als Zeichen) für das Böse. Und weil viele Menschen außerdem nicht gut über das Tier „Schlange" Bescheid wissen, ekeln oder fürchten sie sich davor. Das ist natürlich Unsinn, denn wie Du gesehen hast, sind Schlangen sehr interessante Tiere. Warum sollte es einem vor ihnen grauen? Du weißt jetzt so viel über Schlangen, dass Du Dich sicher weder vor ihnen fürchtest noch ekelst, stimmt's?

Natürlich muss man aufpassen, dass man nicht von einer Giftschlange gebissen wird. Deshalb sollte man eine Schlange einfach in Ruhe lassen, wenn man sie findet – auch eine Giftschlange beißt nur dann zu, wenn sie sich bedroht fühlt, wenn man also beispielsweise nach ihr schlägt oder auf sie tritt.

In Deutschland und der Schweiz gibt es nur zwei Arten von Giftschlangen, die Kreuzotter und die Aspisviper. In Österreich kannst Du neben der Kreuzotter noch der Sandotter (auch Hornotter genannt) begegnen.

In vielen Kulturen wie hier bei den Maya in Mittelamerika spielen Schlangen eine wichtige Rolle

Wird man von einer Giftschlange gebissen, so sollte man ganz ruhig bleiben und sofort den Arzt rufen. Wenn der Arm beziehungsweise die Hand betroffen ist, so legt man den Arm in eine Schlinge, als hätte man ihn gebrochen. Ist die Vergiftung schwer, so kann der Arzt ein Antiserum spritzen, also ein Gegengift. Wenn Du nicht genau weißt, ob die Schlange, die Dich gebissen hat, eine Giftschlange war oder nicht, solltest Du Dich vorsichtshalber genauso verhalten: also rasch den Arzt aufsuchen und nach Möglichkeit ein Foto der Schlange zeigen, damit man herausfinden kann, um welche Art es sich gehandelt hat.

Schlangengift ist aber nicht nur eine Bedrohung für uns Menschen, sondern auch ein Segen: Aus Schlangengift kann man viele Arzneien herstellen, zum Beispiel gegen Herz- und Nervenkrankheiten und sogar gegen Krebs.

Der Hindu-Gott Shiva mit Kobras

Diese Darstellung an einem thailändischen Tempel zeigt den meditierenden Buddha, dahinter sieben riesige Kobras

Wer eine einheimische Ringelnatter einmal berühren durfte, wird sicher nie mehr Angst vor Schlangen haben!

Bedrohung und Schutz

Weltweit gibt es immer weniger Schlangen, weil wir Menschen nach und nach ihre Lebensräume zerstören. Beispielsweise wurden in Mitteleuropa die Ufer vieler Flüsse und Bäche mit Beton verkleidet und Feuchtgebiete trockengelegt. Wo es aber keine Tümpel gibt, können auch keine Frösche leben. Und wo die Ringelnatter keine Frösche findet, da verhungert sie. Deshalb müssen wir geeignete Lebensräume erhalten und neue schaffen. Das kommt nicht nur den Schlangen, sondern natürlich auch unzähligen anderen Lebewesen zugute – nicht zuletzt uns Menschen. In Deutschland, Österreich und der Schweiz stehen übrigens mittlerweile alle Schlangen unter Schutz. Man darf sie also nicht ärgern, fangen oder gar totschlagen. Aber das tust Du ja ohnehin auch mit anderen Tieren nicht.

Vor allem in Asien und Nordamerika dagegen werden unzählige Schlangen gefangen und oft grausam getötet. Es ist natürlich nichts dagegen einzuwenden, wenn sich Ureinwohner von Schlangenfleisch ernähren. Schließlich essen wir auch Schweine, Hühner oder Rinder. Jedoch werden Unmengen von Schlangen gefangen, nur um aus den Innereien zweifelhafte Arzneien und aus dem Leder Taschen und Gürtel für Touristen herzustellen.

Dadurch und durch die Zerstörung der Lebensräume sind manche Schlangenarten stark vom Aussterben bedroht. Das bedeutet: Möglicherweise wird es bald keine Schlangen dieser Arten mehr in der freien Natur geben. Deshalb vermehrt man solche Schlangen in Zoos. Aber auch Privatleute, die sich für den Schutz der Schlangen einsetzen, züchten diese Arten.

Wenn in den Zoos eine recht große Zahl von Schlangen herangewachsen ist und auch wieder geeignete Lebensräume vorhanden sind, kann man die Tiere erneut dort ansiedeln, wo sie früher vorkamen. Haltung und Zucht von Schlangen sind aber nicht nur für solche Arten wichtig, die vom Aussterben bedroht sind: Wer diese Tiere im Terrarium (ein „Glashäuschen" für Schlangen) pflegt, erfährt nämlich interessante Dinge über ihre Lebensweise. Und wenn man viel über ein Tier weiß, dann verliert man seine Vorurteile ihm gegenüber und kann für seinen Schutz sorgen.

Diese armen Schlangen wurden in Rumflaschen eingelegt. So entsteht ein im asiatischen Land Laos begehrtes Getränk.

Am Flughafen wurden diese illegal hergestellen Produkte aus Schlangenhäuten beschlagnahmt

Andere Länder, andere Sitten: Hier freuen sich zwei Jäger auf den leckeren Anakonda-Braten!

Alle Schlangenarten Deutschlands auf einen Blick

Du weißt ja nun längst, dass Schlangen wechselwarme Tiere sind und sich im kühlen Mitteleuropa während der kalten Jahreszeit in Verstecke zurückziehen, um Winterruhe zu halten. Deshalb kannst Du bei uns in der Regel nur vom Frühjahr bis in den Herbst Schlangen beobachten.

Die Ringelnatter

Die Ringelnatter ist die häufigste Schlange Deutschlands. Während Weibchen bei uns bis etwa 90 Zentimeter lang werden können, erreichen Männchen meist nicht einmal 80 Zentimeter. Die Ringelnatter ist in der Regel grau, seltener bräunlich gefärbt.

Ein besonderes Kennzeichen besteht in zwei halbmondförmigen, gelblichen Flecken, die schwarz umrandet sind und sich an den Seiten des Hinterkopfes befinden. Zwar kommen ähnliche Flecken auch bei der Äskulapnatter vor. Jedoch sind die Schuppen der Ringelnatter rau, da sie einen Längskiel tragen.

Du kannst die Ringelnatter am ehesten tagsüber an dicht bewachsenen Ufern von Seen, an Altarmen großer Flüsse, Teichen und Tümpeln beobachten. Ihre Lieblingsnahrung sind Frösche, Kröten und deren Kaulquappen. Sie frisst aber auch kleine Säugetiere wie Mäuse, Molche, Fische und Eidechsen. Im Hochsommer legt das Weibchen bis zu 30 Eier in verrottende Haufen von Laub oder Schilf.

Die Barren-Ringelnatter

Diese Art sieht der Ringelnatter sehr ähnlich, ist aber oft heller und besitzt deutliche schwarze Flecken an den Flanken. Die Halbmondflecken im Nackenbereich sind eher weißlich als gelblich und meist nur hinten schwarz eingefasst. Außerdem werden bei dieser Art vor allem die Weibchen größer und massiger als bei der Ringelnatter.

Die Barren-Ringelnatter kommt in den hier betrachteten deutschsprachigen Ländern nur im mittleren und südlichen Westen Deutschlands, in der Schweiz und ganz im Westen Österreichs vor.
In ihrer Lebensweise entspricht sie der Ringelnatter.

Die Würfelnatter

Mit Ringelnatter und Barren-Ringelnatter verwandt ist die etwa gleich große Würfelnatter. Sie zeigt auf grauer oder brauner Grundfarbe ein Muster aus dunklen Rückenflecken. Diese sind oft in Längsreihen angeordnet, können manchmal aber auch zu Querbändern verschmelzen. Besonders kennzeichnend für die Würfelnatter sind die leicht nach oben gerichteten Augen und Nasenlöcher.

Noch mehr als die Ringelnattern lebt die Würfelnatter im und am Wasser, und zwar vor allem an steinigen Ufern oder im Wasser langsam strömender Flüsse. Wie ihre Verwandten ist auch die Würfelnatter tagaktiv, frisst aber am liebsten Fische. Stundenlang kann sie unter Wasser bleiben. Nur ab und zu streckt sie den Kopf an die Oberfläche, um Luft zu schöpfen. Auch die Würfelnatter legt Eier, allerdings meist weniger als die Ringelnattern.

Leider ist die Würfelnatter bei uns sehr selten geworden. Deshalb versuchen Herpetologen, sie wieder an ihren ursprünglichen Vorkommen anzusiedeln. Diese befinden sich vor allem an Rhein, Mosel, Nahe, Ahr und Elbe.

Herpetologen sind Wissenschaftler, die sich mit Reptilien, aber auch mit Amphibien beschäftigen, also beispielsweise Fröschen, Kröten, Molchen und Salamandern.

Die Äskulapnatter

Die Äskulapnatter wird etwa eineinhalb Meter groß. Sie ist gelblich braun, dunkelbraun oder olivbraun gefärbt und weist oft eine weiße Sprenkelung auf. Hinter dem Kopf können zwei gelbe Flecken stehen, die manchmal dunkel umrahmt sind. Besonders bei Jungtieren sind diese Flecken deutlich ausgebildet. Da sie außerdem dunkle Rückenflecken zeigen, könntest Du sie bei flüchtigem Hinsehen mit Ringelnattern verwechseln. Im Unterschied zu diesen sind die Schuppen der Äskulapnatter jedoch glatt.

Diese große, wärmeliebende Schlange ist am Tag und in der Dämmerung aktiv. Du findest sie mit viel Glück an besonnten Hängen, in nicht zu dichten Auwäldern, an Bahndämmen, Legesteinmauern und Ruinen. Sie lebt am Boden, klettert aber auch ausgezeichnet im Gestrüpp, auf Bäumen, alten Schuppen und Mauern.

Junge Äskulapnattern fressen Echsen und nestjunge Mäuse, alte dagegen vor allem Mäuse, aber auch Echsen, Vögel, deren Eier und Küken. Größere Beute erwürgt die Schlange. Die Weibchen legen fünf bis zehn Eier. Leider gibt es in Deutschland nur sehr wenige Vorkommen, zum Beispiel bei Schlangenbad im Taunus, bei Passau und im südlichen Schwarzwald.

Der Äskulapstab

Vielleicht hast Du Dich über den seltsamen Namen der Äskulapnatter gewundert. Sie ist nach dem berühmten griechischen Arzt Asklepios benannt. Er wurde von den alten Griechen und Römern als Gott der Heilkunst verehrt. Das Zeichen dieses „göttlichen Arztes" war ein von einer Schlange umwundener Stab, wie Du ihn auch heute noch bei Apothekern und Ärzten sehen kannst.

Die Schlingnatter

Die Männchen dieser auch Glattnatter genannten Schlange sind bräunlich, die Weibchen dagegen grau gefärbt. Auf dem Rücken befindet sich eine Zeichnung aus kleinen, dunklen Flecken, die manchmal Längsbänder bilden. Wegen dieser Musterung wird die Glattnatter oft mit der giftigen Kreuzotter verwechselt. Jedoch hat die Glattnatter runde Pupillen und glatte Schuppen (darauf weist ja schon ihr Name hin!), die Kreuzotter dagegen eine senkrecht geschlitzte Pupille und raue Schuppen mit Längskielen.

Die Schlingnatter erreicht nur etwas über einen halben Meter Körperlänge. Sie liebt es warm, weshalb Du sie am ehesten in Heideflächen, an Wegrändern, Legesteinmauern bei Weinbergen, Berghängen und in lichten Wäldern treffen kannst. Sie ist tagaktiv und jagt vor allem Eidechsen, daneben junge Spitzmäuse oder kleine Nagetiere, manchmal sogar junge Schlangen. Größere Beutetiere erwürgt sie mit ihren Körperschlingen. Im Gegensatz zu den bisher beschriebenen Arten bringt die Schlingnatter etwa zehn voll entwickelte Junge zur Welt, legt also keine Eier mit Kalkschale.

Die Kreuzotter

Kreuzottern besitzen einen recht dicken Körper mit kurzem Schwanz. Ihr Kopf ist schwach dreieckig geformt, die Pupillen bilden senkrechte Schlitze. Die Körperfarbe ist ziemlich variabel: Es gibt weißliche, graue, braune, schwarze, ja sogar gelbliche oder rötliche Kreuzottern. Über den Rücken verläuft ein breites, dunkles Zickzackband, an den Seiten je eine Reihe größerer Flecken, und auf dem Kopf findet sich eine ebenso gefärbte, meist X-förmige Zeichnung. Die Kreuzotter erreicht meist etwas über einen halben Meter Länge.

Kreuzottern lieben sonnige, aber dicht bewachsene Wegränder, Lichtungen, Moore, Auwälder und Geröllhänge. Am Tag und in der Dämmerung stellen sie ihrer Beute nach, die vor allem aus Mäusen, jedoch auch aus Grasfröschen, Spitzmäusen und Waldeidechsen bestehen kann. Die Kreuzotter ist eine Giftschlange. Nachdem sie ihr Opfer gebissen hat, lässt sie meist gleich wieder los. Erst nach einer Weile sucht sie die inzwischen verendete Beute. Im Herbst bringt das Weibchen fünf bis zehn voll entwickelte Junge zur Welt.

Beim Menschen wirkt das Gift der Kreuzotter fast niemals tödlich. Trotzdem solltest Du in Gebieten, in denen Kreuzottern vorkommen, nicht barfuß laufen und beim Spielen oder beim Sammeln von Beeren darauf achten, wohin Du greifst. Findest Du eine Kreuzotter, so lass sie einfach in Ruhe – nur, wenn sie sich angegriffen fühlt, beißt sie zu.

Die Aspisviper

Die zweite Giftschlange Deutschlands ist die Aspisviper. Allerdings kommt sie bei uns nur im südlichen Schwarzwald vor. Sie sieht der Kreuzotter, mit der sie verwandt ist, sehr ähnlich. Jedoch ist ihr Kopf noch stärker dreieckig, und die Schuppen über ihren Augen bilden eine scharfe Kante. Dadurch wirkt der Blick dieser Schlange etwas streng. Ihre Schnauze ist leicht aufgeworfen. Die Aspisviper jagt vor allem Mäuse, jedoch auch Eidechsen und kleine Vögel. Ihr Gift ist stärker als das der Kreuzotter. Wie diese legt auch sie keine Eier, sondern bringt 5 bis 15 lebende Junge zur Welt.

In Lebensräumen von Giftschlangen heißt es: Augen auf!

Schlangen in Österreich und der Schweiz

An ungiftigen Nattern kannst Du in Österreich – genau wie in Deutschland – der Schlingnatter, der Äskulapnatter, der Ringelnatter, der Barren-Ringelnatter und der Würfelnatter begegnen. Und ebenso wie in Deutschland triffst Du hier auf die Kreuzotter, jedoch außerdem auch noch auf die Sandotter, die Du rechts im Foto siehst.

Die Giftschlangen in Deutschland und der Schweiz sind die gleichen: Kreuzotter und Aspisviper. Auch Barren-Ringelnatter, Äskulapnatter, Würfelnatter und Schlingnatter besiedeln beide Länder. Zusätzlich gibt es in der Schweiz aber noch die Gelbgrüne Zornnatter und die Vipernatter, die so heißt, weil ihre Fleckenzeichnung an eine Viper erinnert und weil sie ihren Kopf bei Bedrohung stark abflacht.

Sandotter

Gelbgrüne Zornnatter

Vipernatter

Großes Schlangen-Quiz

Du weißt jetzt sehr viel über Schlangen, ja, Du bist ein richtiger Experte auf diesem Gebiet geworden. Wenn Du Lust hast, kannst Du einmal ausprobieren, was Du Dir alles gemerkt hast. Kreuze bei jeder Frage eine oder mehrere Antworten (manchmal sind auch mehrere korrekt!) mit dem Bleistift an und schau am Schluss auf Seite 64 nach, ob Du richtig getippt hast. Und nun viel Spaß!

1. Gehören Schlangen zu den
- a) Säugetieren? .... ❍
- b) Amphibien? .... ❍
- c) Reptilien? .... ❍

2. Welche Körpertemperatur haben Schlangen?
- a) 37 Grad Celsius .... ❍
- b) Keine gleich bleibende, sie sind wechselwarm .... ❍
- c) Keine gleich bleibende, sie sind immer zehn Grad wärmer als die Umgebung . ❍

3. Wo leben Schlangen?
- a) Im oder am Boden .... ❍
- b) Auf Bäumen und Sträuchern .... ❍
- c) Im oder am Wasser .... ❍

4. Was ist das Besondere am Schädel der Schlange?
- a) Die Kiefer sind nur durch Bänder verbunden .... ❍
- b) Er ist insgesamt sehr fest und starr... ❍
- c) Er besteht nur aus dicker Haut .... ❍

Der Rautenpython kann wie fast alle Schlangen sein Maul sehr weit öffnen

5. Woraus besteht das Skelett der Schlange außer dem Schädel noch?
- a) Aus der Wirbelsäule und den Rippen .. ❍
- b) Aus Arm- und Beinknochen............. ❍
- c) Aus dem Magen und der Lunge .... ❍

6. Warum häutet sich die Schlange?
- a) Weil sie ihr Muster wechseln möchte . ❍
- b) Weil ihre Schuppen sich abnutzen .. ❍
- c) Weil ihr Schuppenkleid zu eng zum Wachsen ist .... ❍

7. Wie lange wächst eine Schlange?
- a) Ihr Leben lang .... ❍
- b) Bis sie ungefähr fünf Jahre alt ist .... ❍
- c) Bis sie etwa drei Meter lang ist ...... ❍

8. Wie heißt die beinlose Echse, die in Deutschland vorkommt?
- a) Blindschleiche .... ❍
- b) Kreuzotter .... ❍
- c) Ringelnatter .... ❍

9. Was können Schlangen besonders gut sehen, worauf reagieren sie?
- a) Auf rote Dinge .... ❍
- b) Auf blaue Dinge .... ❍
- c) Auf Bewegungen .... ❍

10. Können Schlangen hören?
- a) Nein, sie sind völlig taub .... ❍
- b) Nur Flötenmusik .... ❍
- c) Ja, mit ihrem Innenohr .... ❍

Verschiedene Zuchtvarianten der Kornnatter

11. Wozu züngelt die Schlange?
a) Um ihren Weg zu ertasten ❍
b) Um die Körperwärme ihrer Beute zu erspüren ❍
c) Um Duftteilchen zu sammeln und dem Jacobson-Organ zuzuführen ❍

12. Wozu dienen die Gruben, die bei manchen Schlangen an den Lippen oder zwischen Nasenloch und Auge liegen?
a) Sie dienen als Ersatz für die Ohren ❍
b) Die Schlange kann durch sie trinken ❍
c) Die Schlange kann damit die Körperwärme ihrer Beute wahrnehmen ❍

13. Warum sind viele Schlangen sehr nützlich?
a) Weil sie Mäuse fressen ❍
b) Weil sie Ratten fressen ❍
c) Weil man aus Schlangengift Medizin herstellen kann ❍

14. Warum klappern Klapperschlangen?
a) Um Fressfeinde und große Weidetiere, beispielsweise Bisons, vor ihrem Gift zu warnen ❍
b) Um ihre Beutetiere anzulocken ❍
c) Um sich untereinander zu verständigen ❍

15. Wozu brauchen Giftschlangen ihr Gift?
a) Um ihre Beute zu überwältigen ❍
b) Um die Verdauung zu beschleunigen ❍
c) Um sich zu verteidigen ❍

16. Welche Schlangen können ihr Gelege ausbrüten?
a) Die Klapperschlangen ❍
b) Manche Pythons ❍
c) Die Ringelnatter ❍

17. Wie reagiert man nach dem Biss einer Giftschlange am besten?
a) Ruhig bleiben ❍
b) Wenn ein Arm betroffen ist, ihn in eine Schlinge legen ❍
c) Arzt rufen oder ins Krankenhaus fahren ❍

18. Warum gibt es immer weniger Schlangen?
a) Weil sie immer öfter gefressen werden ❍
b) Weil ihre Lebensräume zerstört werden ❍
c) Weil sie in vielen Ländern in großer Zahl getötet werden ❍

19. Welche heimischen Arten können weißliche bis gelbliche, halbmondförmige Flecken am Hinterkopf tragen?
a) Ringelnatter und Barren-Ringelnatter ❍
b) Die Äskulapnatter ❍
c) Die Kreuzotter ❍

20. Wie nennt man eine abgestreifte Schlangenhaut?
a) Schlangenjacke ❍
b) Natternhemd ❍
c) Vipernpullover ❍

Lösungen zum Schlangen-Quiz

1) c: Schlangen gehören zu den Reptilien.

2) b: Schlangen sind wechselwarm.

3) a, b und c: Schlangen leben im oder am Boden, auf Bäumen und Sträuchern sowie im oder am Wasser.

4) a: Die Kiefer sind nur mit Bändern verbunden.

5) a: Das Skelett der Schlange besteht aus Schädel, Wirbelsäule und Rippen.

6) b und c: Schlangen häuten sich, weil sich ihre Schuppen abnutzen und weil ihr Schuppenkleid zu eng zum Wachsen ist.

7) a: Schlangen wachsen ihr Leben lang.

8) a: Die Blindschleiche ist eine beinlose Echse.

9) c: Schlangen reagieren vor allem auf Bewegungen.

10) c: Schlangen können mit ihrem Innenohr hören.

11) c: Schlangen züngeln, um Duftteilchen zu sammeln und dem Jacobson-Organ zuzuführen.

12) c: Manche Schlangen können mit speziellen Sinnesgruben die Wärme ihrer Beutetiere wahrnehmen.

13) a, b und c: Viele Schlangen sind nützlich, weil sie Mäuse und Ratten fressen und weil man aus Schlangengift heilsame Arzneien herstellen kann. Eigentlich sind aber alle Schlangen „nützlich“, denn jede Art füllt ihren ganz bestimmten Platz in der Natur aus.

14) a: Klapperschlangen klappern, um Fressfeinde und große Weidetiere vor ihrem Gift zu warnen.

15) a, b und c: Giftschlangen brauchen ihr Gift, um ihre Beute zu überwältigen, um die Verdauung zu beschleunigen und um sich zu verteidigen.

16) b: Manche Pythons können ihr Gelege ausbrüten, indem sie mit den Muskeln zucken.

17) a, b und c: Nach dem Biss einer Giftschlange sollte man ruhig bleiben, wenn ein Arm betroffen ist, ihn in eine Schlinge legen und den Arzt rufen beziehungsweise ins Krankenhaus fahren.

18) b und c: Schlangen sind bedrohte Tiere, weil ihre Lebensräume zerstört werden und weil sie in vielen Ländern in Massen getötet werden.

19) a und b: Ringelnatter und Äskulapnatter können gelbe Flecken am Hinterkopf tragen, bei der Barren-Ringelnatter sind sie eher weißlich.

20) b: Die abgestreifte Schlangenhaut nennt man Natternhemd

Eine ungewöhnlich gefärbte Vipernatter

Entdecke die Reihe mit der Eule!

Entdecke die Eulen | Entdecke die Greifvögel | Entdecke die Geier | Entdecke die Rabenvögel | Entdecke die Spechte | Entdecke die Finken | Entdecke die Spatzen

Entdecke die Eisvögel | Entdecke die Zugvögel | Entdecke die Singvögel | Entdecke die Meisen | Entdecke die Kraniche | Entdecke die Störche | Entdecke Schwäne, Gänse & Enten

Entdecke die Möwen | Entdecke die Pinguine | Entdecke die Papageien | Entdecke die Kolibris | Entdecke die Fledermäuse | Entdecke die Hunde | Entdecke die Schafe

Entdecke die Ziegen | Entdecke die Kühe | Entdecke die Pferde | Entdecke die Esel | Entdecke die Igel | Entdecke die Maulwürfe | Entdecke die Waschbären

Entdecke die Biber | Entdecke die Otter | Entdecke heimische Wildtiere | Entdecke die Wölfe | Entdecke die Bären | Entdecke die Tiger | Entdecke die Menschenaffen

Entdecke Affen und Lemuren | Entdecke die Hyänen | Entdecke die Pandas | Entdecke die Elefanten | Entdecke die Nashörner | Entdecke die Giraffen | Entdecke die Antilopen

Natur und Tier - Verlag GmbH
An der Kleimannbrücke 39/41 · 48157 Münster
Telefon: 0251 - 13339-0 · Fax: 0251 - 13339-33
E-Mail: verlag@ms-verlag.de · www.ms-verlag.de